LA PROGRESSIVE.

MÉTHODE RATIONNELLE

DE LECTURE

ET D'ORTHOGRAPHE

Par N. BÉRERD.

*Laissez venir à moi
les petits enfants.*

4ᵉ Édition, revue par l'Auteur.

LYON.

PALUD ET Cⁱᵉ,

LIBRAIRES DE L'ACADÉMIE ET DES ÉCOLES,

Rue Mercière, 5.

1865

Lyon. — Impr. de J. NICOLLE, successeur de Pelisse frères.

INTRODUCTION.

Comme on ne parle que par syllabes, on ne lit aussi que par syllabes; la lecture des syllabes est donc la base de tout système de lecture.

Il y a deux sortes de syllabes: la syllabe *voix* et la syllabe *articulée*.

Éléments de la syllabe articulée.

Toute syllabe articulée se compose de deux éléments : de l'élément *consonne* et de l'élément *voyelle*.

TABLEAU DES ÉLÉMENTS DE LA SYLLABE ARTICULÉE.

Élément cons.	Élément voy.	Syllabe.	Élément voy.	Élément cons.	Syllabe
b	a	ba	a	b	ab

Nom et son des lettres.

Il est très-important de ne pas confondre le *nom* d'une lettre avec le *son* qu'a cette lettre dans la lecture.

Le nom des lettres est : *a, bé, cé, dé,* etc.

Le son des lettres est : *a, be, ce, que, de,* etc., comme l'indique le tableau suivant :

FORME DES LETTRES		NOM DES LETTRES.	SON DES LETTRES.
A	a	a	a
B	b	bé	be
C	c	cé	ce-que
D	d	dé	de
E	e	é	e
F	f	effe	fe
G	g	gé	ge-gue
H	h	ache	»
I	i	i	i
J	j	ije	je
K	k	ka	ke
L	l	elle	le
M	m	emme	me
N	n	enne	ne

FORME DES LETTRES		NOM DES LETTRES.	SON DES LETTRES.
O	o	ò	o
P	p	pé	pe
Q	q	ku	que
R	r	erre	re
S	s	èsse	se - ze
T	t	té	te - se
U	u	u	u
V	v	vé	ve
X	x	ixè	cs, gz, sse, ze
Y	y	i grec	i - ii
Z	z	zède	ze

VOYELLES SIMPLES.

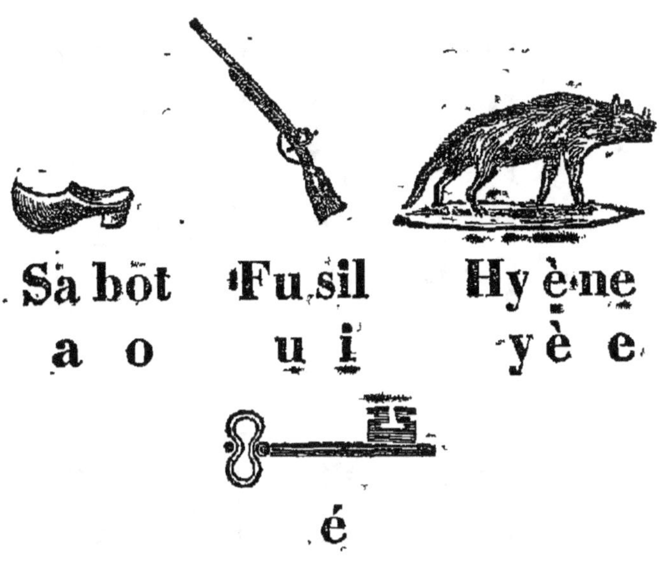

Sabot   Fusil   Hyène

a o   u i   y è e

é

Ce signe ^ rend le son long.

â   ê   î   ô   û

Exercice.

a   e   i   o   u   é   è

y   â   o   é   i   ê   u

î   è   ô   u   i   a   é

e   û   é   y   a   è   o

ARTICULATIONS DIRECTES.

p	p - a	pa	pa	pa
	p - e	pe	pa	pe
	p - i	pi	pi	pe
	p - o	po	po	pe
	p - u	pu	pu	...

R	r - e	re	pu	re
	r - i	ri	ri	re
	r - a	ra	ri	re
	r - u	ru	pa	ru
	r - o	ro	ro	...

Exercice.

pa pa — pa pe   po pe
ri re   pi pe   ra re
pu re   ri ra   re pu
pa ru   re pa ru   pa ru re

	b-e	be		ro	be
B	b-a	ba		ba	ba
	b-o	bo		bo	bo
	b-u	bu		bu	be
	b-i	bi		bi	ri	bi

	d-a	da		da	da
D	d-é	dé		ri	dé
	d-i	di		di	re
	d-o	do		do	do
	d-u	du		do	du

Exercice.

ro be   ba ba   do do

do ré   di re   ri dé

bu be   bo bo   bi ri bi

da da   do du   do ru re

M

m-a	ma	ma ri
m-i	mi	mi di
m-è	mè	mè re
m-o	mo	mo de
m-u	mu	mu ré

L

l-a	la	la me
l-i	li	li me
l-o	lo	lo lô
l-e	le	mu le
l-u	lu	é lu

Exercice.

ma ri   mi di   li me
la me   mè re   mu le
mo de   mu ré   é lu
da me   ma la de   re mè de

Phrases sur les trois premières leçons.

Épi doré.
Parole dure.
Modèle rare.
Le mari poli.
Morale pure.
La lime rude.
Pilule amère.
Le père adoré.
Robe à la mode.
La pipe de papa.
Le malade délire.
La mule du pape.
La mère du mimi.
La dorure du rera.
Le remède du malade.
La parure de la dame.

	f-a	fa	fa de
F	f-e	fe	fe ra
	f-i	fi	dé fi
	f-o	fo	fo ré
	f-u	fu	fu mé

	t-u	tu	tu be
	t-a	ta	ta pe
T	t-o	to	lo to
	t-ê	tê	tê tu
	t-y	ty	ty pe

Exercice.

fa de   fe ra   dé fi
tu be   ta pe   lo to
fo ré   fu mé   tê tu
ty pe   fé ru le fa ta li té

N	ṅ - i	ni	fi ni
	ṅ - o	no	no te
	ṅ - e	ne	lu ne
	ṅ - u	nu	me nu
	ṅ - a	na	na ri ne

S	s - a	sa	sa lé
	s - e	se	se mé
	s - i	si	si te
	s - o	so	so fa
	s - u	su	su bi

Exercice.

fi ni   no te   lu ne
sa lé   se mé   si te
so fa   su bi   si rè ne
me nu   na ri ne   so no re

V

v-o	vo	vo te
v-i	vi	vi dé
v-e	ve	vi ve
v-u	vu	re vu
v-a	va	va ni té

J

j-o	jo	jo li
j-e	je	je té
j-u	ju	ju ju be
j-é	jé	jé rô me
j-a	ja	ja ve li ne

Exercice.

vo te	vi ve	je té
jo li	vi dé	re vu
ra ve	pa vé	ju ju be
va ni té	jé rô me	ja ve li ne

Phrases sur les leçons précédentes.

A mi fi dè le.

Mè re dé vo te.

Re mè de u ti le.

Fa ri ñe fi ñe.

Pè re sé vè re.

Fi dé li té ra re.

Jo li vo lu me.

Mo dè le de pu re té.

La na tu re di vi ne.

U ne ro be fi ne.

Le ma la de a li té

De la pâ te de ju ju be.

Le na vi re va vi te.

Vé nè re ta mè re.

La lu ne se lè ve.

La fê te de la Na ti vi té.

Mé di te la pa ro le di vi ne.

X	x - e	xe	lu xe
	x - a	xă	fi xa
	x = é	xé	fi xé
	x - i	xi	ma xi me

Z	z - o	zo	zo zo
	z - è	zè	zè le
	z = é	zé	zé ro
	z - y	zy	a zy me
	z - u	zŭ	a zu ré

Exercice.

lu xe	zè le	zé ro
a xe	fi xé	zo zo
bo xe	ta xe	fi xă
ma xi me	a zu ré	a zy me

K	k-a	ka	mo ka
	k-é	ké	ké pi
	k-i	ki	ki lo

Q	q.		

H	h-a	ha	hă bi le
	h-u	hu	hu mi de
	h-o	ho	ho no ré
	h-é	hé	hé ré di té
	h-i	hi	hi la ri té

Exercice.

mo ka	ho no ré	ké pi
ha bi le	hu mi de	ki lo
Hé lè ne	hi la ri té	
ha bi tu de	hu ma ni té	

Récapitulation générale.

La fête de papa.
Le joli dé doré.
La parade défile.
Ma tulipe se fane.
Sara dira la vérité.
Hélène a fini de lire.
La tête de la vipère.
Zozo a la tête dure.
Le zèle de la vérité.
Une pelure de rave.
Une pilule laxative.
De la farine de fève.
Le pavé a été nivelé.
Adèle a sali sa jupe.
La famine a été rude.
Zoé dévide sa bobine.
Madame fera la salade.

Č

ℓ c est doux et se prononce ce: 1° devant e, é, è, i, y; 2° devant a, o, u, quand il a une cédille ç.

c-e	ce		no ce
c-é	cé		cé le ri
c-è	cè		cè ne
c-i	ci		ci re
c-y	cy		Cy bè le
ç-a	ça		fa ça de
ç-u	çu		re çu
ç-o	ço		» »

Exercice.

Bê te fé ro ce.
Ra ci ne a mè re.
Fa ça de é le vé e.
La no ce de Cé ci le.
Pa pa te fe ra le re çu.
Une sa la de de cé le ri.
Cy bè le a vo lé le rô ti.

C

c est dur et se prononce ke : 1° devant a, o, u ; 2° à la fin d'une syllabe ; 3° devant une consonne.

c - a	ça	ca ca o
c - o	co	co co
c - u	cu	cu ve

Exercice.

Ca fé mo ka.
Pê ti te cu ve.
La ca ra fe vi de.
Le ca na ri vo le.
Le cu ré vé né ré.
La co lè re di vi ne.
Une ca ve hu mi de.
La co mè te a re pa ru
Une ca ri ca tu re ri di cu le.
La ra pi di té de la cô te.
Le jo li ca ra co de Ca ro li ne

g.

g est doux et se prononce ge devant
e, é, è, ê, i, y

g - e	ge	ge	lé
g - é	gé	ju	gé
g - è	gè	gè	lé
g - ê	gê	gê	ne
g - i	gi	gi ra fe
g - y	gy	»	»

Exercice.

Juge âgé.
Tête volage.
Robe légère.
Origine divine.
Le rivage ravagé.
La cage du canari.
Ma lévite me gêne.
La légèreté de Céline.
La tige de la digitale.
Une calamité générale.
La girafe a une petite tête

g

g est dur et se prononce **gue** : 1° devant **a, o, u** ; 2° à la fin d'une syllabe ; 3° devant une consonne.

g - a	ga	ga ge
g - o	go	go go
g - u	gu	fi gu re

Exercice.

La ci ga le vo le.
U ne ga re sû re.
La mu le ga lo pe.
Le ba ga ge é ga ré.
U ne pe ti te ri go le.
U ne ro be de ga ze.
Le ci ga re de pa pa.
Le ga la de la no ce.
La fi gu re de la lu ne.
Le lé gu me du po ta ge.
La ra me de la ga lè re.
La ré gu la ri té de la fa ça de

Articulations inverses.

a-b	ab	Mo ab
a-c	ac	ac te
a-d	af	ad mi re
a-f	ad	Taf na
a-g	ag	Bag dad
a-l	al	ré gal
a-m	am	Jo ram

Exercice.

Mal de tê te.

Sac de fa ri ne.

L'i dö le de Ba al. [1]

Jé hu tu a Jo ram.

La ra ce de Mo ab.

Le ré gal de la fê te.

Le ri va ge de la Tafna.

La ca ra va ne va à Bag dad.

[1] L'apostrophe (') ne change rien à la prononciation de la syllabe.

a-p	ap	ap te
a-r	ar	ar me
a-s	as	as pi re
a-t	at	At las
a-x	ax	A jax
a-z	az	gaz

Exercice.

Gaz, a zo te.
L'ar mu re d'A jax.
La bar be de l'é pi.
La ci me de l'At las.
Une pe ti té cas ca de.
Le gar de mu ni ci pal.
La pal me du mar ty re.
Le mar di du car na val.
Une gar ni tu re de ro be.
La cap ti vi té de Ba by lo ne

i - b	ib	Ni zib
i - c	ic	dic té
i - d	id	Da vid
i - f	if	ca nif
i - g	ig	zig zag
i - l	il	fil

Mo tif fic tif.

U ne pe lo te de fil.

Du mas tic so li de.

La la me du ca nif.

Le til bu ry va vi te.

De l'al ca li vo la til.

La vic ti me pal pi te.

La har pe de Da vid.

L'ac ti vi té de Vic to ri ne.

Pa pa a de vi né l'é nig me.

y - m	ym	Hym ne
y - p	yp	Ca lyp so
i - r	ir	par tir
i - s	is	i ris
i - t	it	rit
i - x	ix	Ca dix

Exercice.

U ne vir gu le.
Na tif de Ca dix.
La lis te ci vi le.
Le ca li ce du lis.
La ra ci ne d'i ris.
L'î le de Ca lyp so.
Le rit is ra é li te.
Ca lix te va par tir.
Su bir le mar ty re.
La lu ne a dis pa ru.
Fé lix a mal à la tê te.
Va di re à ta mè re de ve nir.

o - b	ob		Job
o - c	oc		roc
o - d	ŏd		A od
o - f	of		A zŏf
o - g	og		dog me
o - l	ŏl		vol
o - m	om		sŏm ni fè re

Exercice.

Bol do ré

Roc à pic.

Vol ra pi de.

Le cal me de Job.

Dog me de vé ri té.

Oc ta ve se ra pu ni.

Ja cob a lu sa pa ge.

Re mè de som ni fè re.

La ré col te de Col za.

Zo é ob sè de sa mè re.

Le sol de de la fac tu re.

o - p	op	op té
o - q	oq	coq
o - r	or	or gé
o - s	os	pos te
o - t	ot	dot
o - x	ox	Fox
o - z	oz	Bo oz

Exercice.

A ge d'or.
Lé lac dé bor dé.
Le coq ma ti nàl.
Le gé né ral Fox.
Vic tor à é té sa ge.
La for me du bo cal.
A zor a é té dé pis té.
Le pos te a é té for cé.
U ne ro be de mé ri nos.
La cor ne de la li cor ne.

u - b	ub	sub til
u - c	uc	duc
u - d	ud	sud
u - f	uf	tuf
u - l	ul	nul

Exercice.

Mal ca duc.
Sol cul ti vé.
Sub ti li té ra re.
Le cul te de Ba al.
Le to tal du cal cul.
Luc a é té cul bu té.
La lé gè re té du tuf.
Le duc de Ma la kof.
Le sud du Por tu gal.
Le suc de la bê te ra ve.
U ne mul ti tu de ar mé e.
La fa cul té de mé de ci ne.

u - p	up	rup tu re
u - r	ur	ur ne
u - s	us	Cӯ rus
u - g	ug	Bug
u - t	ut	but

Exercice.

Mur é le vé.

Ur ne fa ta le.

Vo lup té pu re.

Le fas te de Cy rus.

Ta pa gë noc tur ne.

La Jus ti ce di vi ne.

La ra pi di té du Bug.

Gũs ta ve a vu le but.

Sul pi ce a é té fũs ti gé.

U ne pi lu le pur ga ti ve.

Le mur mu re de l'é lè ve.

Ce ci m'a pa ru ab sur de.

CONSONNES COMPOSÉES.

Les consonnes composées se prononcent d'une seule émission de voix.

ch

Prononcez **ch** comme la dernière syllabe de va**ch**e

ch-a	chà	cha pe
ch-e	che	che val
ch-é	ché	ché ri
ch-è	chè	chè re
ch-i	chi	chi che
ch-o	cho	cho pe
ch-û	chû	chû te

Exercice.

Le père chéri.

Le châle ta ché.

Le fi chu dé chi ré.

La bi che se ca che.

La cha ri té du cu ré.

Une bû che de chê ne.

gn

Prononcez **gn** comme la dernière syllabe
de vigne.

gn-a	gna	si gna
gn-e	gne	vi gne
gn-é	gné	si gné
gn-i	gni	di gni té
gn-o	gno	i gno ré
gn-u	gnū	ro gnū re

Excrcice.

I gno re le pé ché.

Ho no ré m'a ga gné.

La di gni té du cu ré.

Le si gnal de par tir.

U ne pê che de vi gne.

La ro gnū re du pâ té.

La si gna tu re du ju ge.

I gna ce pê che à la li gne.

La ma li gni té de Cé ci le.

ill

Prononcez **ill** comme la dernière syllabe
de cai**ll**e.

ill - a	il**l**a		ta illa
ill - e	il**l**e		ca ille
ill - é	il**l**é		ta illé
ill - i	illi		ba illi
ill - o	illo		ma illo che
ill - u	il**l**u		ma illu re

Exercice.

Ta i**ll**e ta vi gne.

Là ca ille car ca ille.

Une pa ille lé gè re.

La ma ille de la fi lo che.

Papa a ta illé sa vi gne.

La mu raille de la Chine.

La ca na ille se cha ma ille.

Le ca po ral a la mé da ille.

ph

Prononcez **ch** comme la syllabe finale de télégraphe.

ph-a	pha		pha re
ph-é	phé		phé nix
ph-i	phi		zé phir
ph-o	pho		phos pho re
ph-u	phu		phos phu re
ph-e	phe		é pi ta phe
ph-ê	phê		po ly phê me

Exercice.

Pha re é le vé.

La ly re de Sa pho.

Phé no mè ne ra re.

Le ca fé du Phé nix.

La pâ te phos pho ré e.

U ne é pi ta phe ri di cu le.

Le mur mu re du Zé phir.

La vo ra ci té de Po li phê me.

qu

Prononcez **qu** comme la dernière syllabe
de pique.

qu - e	que	pi que	
qu - é	qué	cho qué	
qu - i	qui	qui ne	
qu - ê	quê	quê te	
qu - a	qua	qua li té	
qu - o	quo	quo ti té	

Exercice.

Qui va là?

Qui vi ve?

Pa ro lé é qui vo que.

La bar que a cha vi ré.

U ne pu ce m'a pi qué.

Le cu ré fe ra la quê te.

U ne da me de qua li té.

Pa pa a re çu sa quo te.

Do mi ni que a la co li que.

gu

Prononcez **gu** comme la dernière syllabe
de ba**gue**.

gu-a	gua		li gua
gu-e	gue		ba gue
gu-i	gui		gui de
gu-é	gué		gué ri
gu-è	guè		guè re

Exercice.

Le gui de fi dè le.
U ne figue sè che.
Le gui du chê ne.
Vo gue la ga lè re.
U ne pa ro le va gue.
U ne guê pe m'a pi qué.
Ce re mè de te gué ri ra.
U ne pê che ma gni fi que.
Le do gue a mor du pa pa.

VOYELLES COMPOSÉES.

Les voyelles composées se prononcent d'une seule émission
de voix.

ai - ei

Prononcez ai - ei comme la première syllabe de ai le.

ai	aime, ai le, ai de.
ei	rei ne, vei ne, pei ne.

Exercice.

La rei ne de Sa ba.

Une ro be de lai ne.

Pa pa a vu la Sei ne.

La nei ge a dis pa ru.

Le ca na ri se bai gne.

Ma de lei ne se pei gne.

Cé ci le ai me sa mè re

La pê che de la ba lei ne.

Le mar di de la se mai ne.

La pei ne mé ri te sa lai re.

Le ca pi tai ne a é té dé co ré.

eu = œu

Prononcéz **eu œu** comme la première syllabe de **heu re**.

eu	Eü ro pe, heü re, jeu di.
œu	œuf, bœuf, sœur.

Exercice.

Jeü a ni mé.

OEuf de ca na ri.

Le dé jeû né fi ni.

U ne tête de bœuf.

U ne meu le so li de.

Eü do re a ra jeu ni.

Le jeû ne du ca rê me.

Le ne veu de ma sœur.

Le jeu di de la se mai ne.

La la me neu ve du ca nif.

Re ti re la mar mi te du feu.

Eu gè ne a fi ni sa neu vai ne.

Peu à peu le feu se cal me.

au - eau

Prononcez au eau comme la première syllabe de au tel.

eau	beau, veau, ba teau.
au	au ro re, au da ce.

Exercice.

Beau ca deau.

Jeu de pau me.

É pau le gau che.

L'eau de la sei ne.

La sau ce du rô ti.

Le tau reau sau va ge.

U ne au ro re bo ré a le.

L'au mô ne de la veu ve.

Le ba teau va sur l'eau.

La be dai ne du be deau.

La bor du re du ri deau.

De la pâ te de gui mau ve.

Le beau cha peau de pa ille.

OU

Prononcez **ou** comme la première syllabe de **ou** bli.

ou | lou ve, boû le, pou le.

Exercice.

Le fi lou rô de.

La pou le vo le.

Jé rô me é cou te.

La bou le rou le.

La rou te neu ve.

La fou le s'é cou le.

Le li cou de l'â ne.

La mou che pi que.

U ne chaî ne de cou.

La lou ve a re pa ru.

U ne feu ille de chou.

Le jou jou de ma sœur.

U ne sou pe de fa ri ne jau ne.

Tou te pei ne mé ri te sa lai re.

VOYELLES NAZALES.

Les voyelles nazales se prononcent d'une seule émission
de voix.

an am en em ean

Prononcez **an, am, en, em, ean** comme la première
syllabe de an *ge*.

an	'an ge, 'an se, o ran ge.
am	am pou le, jam be.
en	en can, en ge lu re.
em	em pi re, tem pê te.
ean	Jean, en gean ce.

Exercice.

An ge ailé.

Lam pe do ré e.

Jam be tor du e.

U ne lan gue de vi pè re.

Jean a mal à la tem pe.

Hen ri gar de le si len ce.

La ven gean ce dé fen due.

Le ru ban de la mar chan de.

in im yn ym ain aim ein

Prononcez **in**, **im**, etc., comme la première syllabe de *in fini*.

in	in fi ni, in ti me, in vi té.
im	im bu, im po li.
yn	syn dic, syn ta xe.
ym	nym phe, cym ba le.
ain	main, bain, pain.
aim	daim, faim, é taim.
ein	cein tu re, pein tu re.

Exercice.

A mi in ti me.

Eau lim pi de.

La lé gè re té du daim.

La pau me de la main.

La syn ta xe de ré gi me.

Le ve nin de la vi pè re.

La cein tu re du pè le rin.

U ne fi gu re sym bo li que.

on om eon

Prononcez **on**, **om**, etc., comme la première syllabe
de **on** *de*.

on	on de, on ze, bon bon.
om	nom, re nom.
eon	pi geon, bour geon.

Exercice.

Le din don a faim.
Le ri deau du sa lon.
Le pi geon rou cou le.
Le ga zon du jar din.
Le bour geon de sa pin.
U ne le çon de syn ta xe.
Nom du gen re fé mi nin.
Le tom beau de Na po lé on.
Le man chon de ma tan te.
La lai ne de mon mou ton.
Ce bou chon bou che mal.

un um ëun

Pronnncez un, um, eun comme le n° 1.

un	lun di, a lun, Me lūn.
ŭm	par fum.
euñ	à jeun.

Exercice.

Un ru ban roŭ ge.
Un jëu ne din don.
Un ro gnon de veau.
Eu gè ne à vu Au tun.
Un jam bon de Ly on.
Ce par fum em bau me.
An to nin i ra à Me lun.
Un pan ta lon de nan kin,
Cha cun ai me le bon vin.
Au cun ne sor ti ra de main
Jean a bu de l'eau à jeuñ.

VOYELLES DIPHTHONGUES.

Les voyelles diphthongues se prononcent d'une seule émission de voix.

ia	pia no, dia dè me.
ié	lié ge, pié ge, sié ge.
iè	niè ce, piè ce, lu miè re.
io	fio le, pio che, vio lon.
ui	hui le, tui le, fui te.

Exercice.

U ne ra ve cui te.

U ne a mi tié ra re.

U ne piè ce de sié ge.

La lu miè re du jour.

U ne feu ille de lié ge.

Sa ma li gni té lui a nui.

Ma niè ce a é té hui tiè me.

U ne fio le d'hui le d'o li ve.

Ma man tou che du pia no.

Les voyelles diphthongues se prononcent d'une seule émission
de voix.

oi	boi re, poi re, é toi le.
ien	chien, lien, bien.

Exercice.

Une foi vive.
La loi sé vè re.
Une poi re cui te.
L'é toi le du ma tin.
La voi le du na vi re.
Une toi le de co ton.
Le jeû ne mé ri toi re.
Une mé moi re fi dè le.
Une re din go te noi re.
Ju lien a vu le moi ne.
Bon soir, por te - toi bien.
Boi re à la san té du roi.
Le chien a sui vi Lu cien.

Les voyelles diphthongues se prononcent d'une seule émission de voix.

ieu	Dieu, lieu, mi lieu.
iai	niais.
ian	vian de.
iam	iam be.
ion	pion.
iau	miau le.

Exercice.

A do re Dieu.

Un lieu é le vé.

Le mi lieu du jour.

Le pieu a é té en fon cé.

Voi là la fin de l'iam be.

Ni co dè me a l'air bien niais

A mé ric lui a da mé le pion

Ce ma tou a faim de vian de

Il miau le : mia ou, mia ou.

Les voyelles diphthongues se prononcent d'une seule émission de voix.

oui	foui ne, ba boui ne.
oin	foin, soin, té moin.
ouin	ba bouin, bé douin.
uin	juin.

Exercice.

Le coin du feu.

Un bâ ton poin tu.

Le ca non a é té poin té.

U ne poin te de cou teau.

Le té moin a é té man dé.

Luc a se mé du sain foin.

En juin fau che ton foin.

Loin de moi ce sa gouin.

Ho ! le vi lain ba ra gouin.

Le bé douin a tué le ba bouin

La foui ne a man gé la pou le.

CONSONNES DIPHTONGUES.

Les consonnes diphthongues se prononcent d'une seule émission de voix.

bl

Prononcez bl comme la dernière syllabe de sable.

bl-â	blâ	blâ me.
bl-e	ble	ta ble.
bl-é	blé	sa blé.
bl-ê	blê	blê me.
bl-i	bli	ou bli.
bl-o	blo	blo qué.
bl-u	blu	blu té.

Exercice.

Un sac de blé.
La ta ble sain te.
Une fi gu re blê me.
Un meu ble de sa lon.
Une blon de che ve lu re.

br

Prononcez **br** comme la dernière syllabe de *sa* **bre.**

br-a	bra	bra ve.
br-e	bre	sa bre.
br-é	bré	sa bré.
br-è	brè	brè ve.
br-i	bri	bri de.
br-o	bro	bro che.
br-u	brŭ	bru te.

Exercice.

Le rô ti se brû le.
Ma niè ce bro de.
Le mur dé la bré.
U ne pa ro le brè ve.
Le bra ve ca pi tai ne.
U ne brio che chau de.
U ne ta ble de mar bre.

cl

Prononcez cl comme la dernière syllabe de *boucle*.

cl - a	cla	claque.
cl - e	cle	oncle.
cl - é	clé	boucle.
cl - i	cli	cliché.
cl - o	clo	cloche.
cl - u	clu	club.

Exercice.

La cloche tinte.

Du vin clarifié.

La clé de la porte.

Une boucle de rideau.

La clôture du jardin.

La fortune de l'oncle.

Le déclin du jour.

La révolte a éclaté.

cr

Prononcez cr comme la dernière syllabe de su cre.

cr-â	crâ	crâ ne.
cr-e	cre	cre vé.
cr-é	cré	cré é.
cr-ê	crê	crê che.
cr-i	cri	cri me.
cr-o	cro	cro chu.
cr-u	cru	cru che.

Exercice.

Pain de su cre.

En cre de Chi ne.

La sain te crê che.

Un bâ ton cro chu.

Le cri me se ra pu ni.

U ne cru che d'hui le.

U ne cra va te de sa tin.

dr

Prononcez dr comme la dernière syllabe de *mordre*.

dr-a	dra	dra gé e.
dr-e	dre	ca dre.
dr-é	dré	An dré.
dr-è	drè	drè che.
dr-i	dri	Ma drid.
dr-o	dro	dro gue.
dr-u	dru	drui de.

Exercice.

Dra me co mi que.
La cen dre du feu.
Ma chi ne à cou dre.
Le sa bre du dragon.
Le ca dre de la gla ce.
Voi là du blé bien dru.
An dré a vu l'A dria ti que.

fl

Prononcez **fl** comme la dernière syllabe de *nè* **fle.**

fl - a	fla		fla con.
fl - e	fle		nè fle.
fl - é	flé		flé chi.
fl - è	flè		flè che.
fl - i	fli		in fli gé.
fl - o	flo		flo re.
fl - û	flû		flû te.

Exercice.

Le fleu ve du Nil.

La flè che ra pi de.

Le mu fle du lion.

Le son de la flû te.

Un clou de gi ro fle.

Un flo con de nei ge.

Un fla con de Ma dè re.

fr

Prononcez **fr** comme la dernière syllabe de *fi fre*.

fr - a	fra		fra gi le.
fr - e	fre		fi fre.
fr - é	fré		fré mi.
fr - è	frè		frè re.
fr - i	fri		fri re.
fr - o	fro		fro ma ge.
fr - u	frû		fru ga li té.

Exercice.

Bo cal fra gi le.

Du vin fre la té.

U ne car pe fri te.

Un ki lo de sou fre.

U ne fré ga te lé gè re.

U ne bran che de frê ne.

Le frè re de Ma de lei ne.

gl

Prononcez **gl** comme la dernière syllabe de règle.

gl-a	gla	gla ce.
gl-e	gle	rè gle.
gl-é	glé	ré glé.
gl-è	glè	glè be.
gl-i	gli	né gli gé.
gl-o	glo	glo be.
gl-u	glu	glu au.

Exercice.

La va che beu gle.
Une gla ce so li de.
Le de voir né gli gé.
Une tê te d'é pin gle.
La san gle de l'â ne.
Le glo be du mon de.
Le bâ ton de l'a veu gle.

gr

Prononcez **gr** comme la dernière syllabe de *ti gre.*

gr - a	gra	gra de.
gr - e	gre	ti gre.
gr - é	gré	de gré.
gr - ê	grê	grê lẽ.
gr - i	gri	gri ve.
gr - o	gro	gro gne.
gr - u	gru	grũe.

Exercice.

La grê le tom be.
U ne gra vu re fi ne.
Le co chon gro gne.
Ven te de gré à gré.
U ne lai de gri ma ce.
La fé ro ci té du ti gre.
La gra vi té du cri me.
Le gra de de ca pi tai ne.

pl

Prononcez **pl** comme la dernière syllabe de *peu* **ple.**

pl-a	pla	pla ce.
pl-e	ple	peu ple.
pl-é	plé	plé ni tu de.
pl-è	plè	re plè te.
pl-i	pli	pli é.
pl-o	plo	é plo ré.
pl-u	plu	plu me.

Exercice.

Peu ple vo la ge.

U ne fi gu re pla te.

U ne plu me lé gè re.

U ne pla ce va can te.

Le lé gu me é plu ché.

Un ca rac tè re sou ple.

Le vi ce de la du pli ci té.

pr

Prononcez **pr** comme la dernière syllabe de *d pre.*

pr - a	pra	prá li ne.
pr - é	pre	â pre.
pr - é	pré	pré di re.
pr - ê	prê	prê té.
pr - i	pri	pri vé.
pr - o	pro	pro pre.
pr - u	pru	pru ne.

Exercice.

Oi seau pri vé.

Le pré cul ti vé.

Pra li ne su cré e.

Du lin ge pro pre.

Le prô ne du cu ré.

U ne pru ne con fi te.

La priè re du ma tin.

tr

Prononcez tr comme la dernière syllabe de *ti tre.*

tr - a	tra		tra me.
tr - e	tre		li tre.
tr - é	tré		fil tré.
tr - è	trè		trè ve.
tr - i	tri		tri bu.
tr - ô	trô		trô ne.
tr - u	tru		in tru.

Exercice.

Un li tre de vin.

Jeu de tric-trac.

De l'eau fil tré e.

Le trô ne é le vé.

La sain te Tri ni té.

La tri bu dé trui te.

U ne mon tre Lé pi ne.

vr

Prononcez **vr** comme la dernière syllabe de *vi* **vre**.

vr - a	vra	vi vra.
vr - e	vre	li vre.
vr - é	vré	li vré.
vr - i	vri	a vril.
vr - o	vro	i vro gne.

Exercice

Li vre do ré.

La fin d'a vril.

La por te s'ou vre.

Le cap tif dé li vré.

La chè vre brou te.

Sui vre la re trai te.

Grai ne de chan vre.

Ê tre i vre de va ni té.

L'i vro gne rui ne sa san té.

sb sc sl sm sr

sb	-i	sbi	sbi re.
sc	-a	sca	sca pu lai re.
sc	-o	sco	scor so nè re.
scr	-i	scri	scri bé.
scr	-o	scro	scro fu le.
scr	-u	scru	scru pu le.
sl	-a	sla	sla ve.
sm	-y	smy	Smyr ne.

Exercice.

Le peu ple sla ve.

Le scru pu le lé vé.

La vil le de Smyr ne.

L'ha bi le té du scri be.

Le ve nin du scor pion.

La hon te du scan da le.

La fê te du sca pu lai re.

sp st str

sp - a	spa		Spar te.
sp - é	spé		spé cu lé.
sp - i	spi		spi ra le.
sp - o	spo		spo lié.

st - a	sta		sta tue.
st - é	sté		sté ri le.
st - è	stè		stè re.
st - y	sty		sty le.
st - o	sto		sto re.
st - u	stu		stu pi de.

str - a	stra		stra té gie.
str - i	stri		stri é.
str - o	stro		stro phe.

Exercice

L'â ne stu pi de.

La spi ra le d'u ne mon tre.

DIFFICULTÉS ET ANOMALIES DE LA PRONONCIATION ET DE L'ORTHOGRAPHE.

s dans le corps d'un mot se prononce ze, entre deux voyelles.

rose	vase	réséda
base	dose	rusé
tisane	cerise	devise

Le tréma " fait prononcer séparément les deux voyelles.

aü = a - u	Saül, Esaü.
aï = a - i	Sinaï, Caïphe.
oï = o - i	Zoïle, Moïse.
uë = u - e	ciguë, ambiguë.

Exercice.

La loi de Moïse.
La haine de Caïn.
Socrate avala la ciguë.
La montagne du Sinaï.

Les lettres **es** se prononcent tantôt e, tantôt è, tantôt **esse**.

Les lettres **es** se prononcent : 1° **e** à la fin des mots de plusieurs syllabes ; — 2° **è** dans les mots qui n'ont qu'une syllabe ; — 3° **esse** au commencement et dans le corps des mots de plusieurs syllabes.

1°	2°	3°
armes	les	espèces
arbres	des	escarpé
roses	ces	vestiges
poules	mes	majesté
larmes	tes	vestibule
vêpres	ses	espérer

Exercice.

Majesté divine.

Beauté céleste.

Les restes du festin.

Oreste est resté fidèle.

La sagesse de Salomon.

Les psaumes des vêpres.

Voilà des poires bien mûres.

L'élève respecte ses maîtres.

E quelque sans accent se prononce è : 1° devant deux consonnes autres que ll, mm et quelquefois nn ; 2° devant ll ; 3° devant toute consonne finale autre que z, d et quelquefois r, s.

1°	2°	3°
verge	abeille	autel
merle	oreille	babel
dette	bouteille	polichinel

Exercice.

Nouvelle lune.

Lecture facile.

Majesté divine.

L'oreille du lapin.

Une bouteille de vin.

Une belle tourterelle.

Cette nef est superbe.

Une côtelette de mouton.

Juliette a mangé sa galette.

Sons mouillés.

Les sons mouillés se prononcent d'une seule émission de voix.

œil	œil, œillet, œillade.
ill	fille, famille, chenille.
ail	bail, émail, travail.
aill	paille, médaille, taille.
eil	soleil, conseil, réveil.
eill	veille, treille, oreille
euil	seuil, deuil, fauteuil.
euill	feuille, feuillage.
ouil	fenouil.
ouill	houille, fouille, rouille
ueil	orgueil, écueil, recueil
ueill	cueillir, recueillir.

Exercice.

Une fille craintive.
Une bouteille de vin.
Le seuil de la porte.
Guillaume est pétri d'orgueil

T sonne généralement **s** dans la syllabe **ti** suivie de **a**, **e**, **o**; mais cette règle n'a pas lieu si le **t** est précédé d'une voyelle longue, d'un **n**, d'un **s**, ou d'un **x**; ou s'il est suivi de **h**.

martial	prophétie	question
nation	insatiable	fraction
natation	impartial	garantie
capétien	modestie	Mathieu
facétie	agitation	gestion
balbutie	Domitien	mixtion

Une consonne redoublée se prononce comme si elle était seule et rend brève la voyelle précédente. Il y a quelquefois certaines exceptions principalement pour les consonnes redoublées **d, g, l, m, r.**

abbé	flamme	alouette
offre	baguette	brouette
affaire	paresse	tonnerre
botte	tonne	marronnier
sotte	aggravé	addition
grotte	homme	suggestion
village	accusé	illégal
butte	quille	immense
mille	chienne	irritation

Les lettres **er** se prononcent **é** ou **erre**. En général, les lettres **er** se prononcent : 1° **é** à la fin des mots de plusieurs syllabes ; 2° **erre** dans les monosyllabes ainsi qu'au commencement et dans le corps des mots de plusieurs syllabes.

1°	2°	
rocher	ver	perle
poirier	mer	merle
tablier	fer	verge
soulier	cher	vertu

Les finales **ez**, **ied** se prononcent : **ez = é** ; **ied = ié**.

nez	pied	espérez
chez	parlez	honorez
venez	aimez	récitez
lisez	il sied	pratiquez

y se prononce **i-i** dans le corps des mots après une voyelle.

pays [1]	moyen	balayer
voyage	noyau	bégayer

(1) **c**, **f**, **l**, **r**, sont en général les seules consonnes qui se prononcent à la fin des mots.

A la fin des mots devant lesquels on peut placer *ils* ou *elles*, les lettres *ent* se prononcent *e* ; dans le cas contraire, elles se prononcent *an*.

Exercice.

Il est mon parent.
Ils parent le coup:
Un langage différent.
Ils diffèrent d'opinion.
Un sarment de vigne.
Ils s'arment de fusils.
Il est content de son sort.
Ils content des histoires.
Un vent violent.
Ils violent leur serment.
Ils ferment la porte.
Un ferment de discorde.
Les poules couvent.
Mes sœurs sont au couvent

X *se prononce* CS.

Fixe, axe, taxe, Alexandre, texte, expérience, expédition, excuse, expiation, explosion, expert, expression, extrême.

X *se prononce* GZ.

Exercice, exil, exempt, exigu, exhortation, exigible, exaucé.

X *se prononce* SS.

Auxerre, Bruxelle, Auxonne, Aix, soixante.

X *se prononce* S.

Deuxième, sixième, dixième, dix-huit.

Z *final se prononce* S *dans*

Rhodez, Metz, Alvarez, Suez.

IEN se prononce quelquefois IAN.

Science, conscience, faïence, patience, impatience, expérience.

CH se prononce K dans la plupart des mots tirés des langues étrangères.

Archange, choléra, Jéricho, Achab, Michel-Ange, Melchisédech, Nabuchodonosor.

Pour les autres difficultés et anomalies de la prononciation et de l'orthographe, voir les *Lectures progressives*